S0-BEZ-901

S J 381.4564 LEE
Leeper, Angela.
El supermercado /
VISA

0 1 AUG 2005

¡Excursiones!

El supermercado

Angela Leeper

Traducción de Paul Osborn

Tulare County Library

Heinemann Library

Chicago, Illinois

© 2004 Heinemann Library
a division of Reed Elsevier Inc.
Chicago, Illinois

Customer Service 888-454-2279
Visit our website at www.heinemannlibrary.com

All rights reserved. No part of this publication may be reproduced or transmitted in any form or by any means, electronic or mechanical, including photocopying, recording, taping, or any information storage and retrieval system, without permission in writing from the publisher.

Designed by Kim Kovalick, Heinemann Library; Page layout by Que-Net Media
Printed and bound in China by South China Printing Company Limited.
Photo research by Jill Birschbach

08 07 06 05 04
10 9 8 7 6 5 4 3 2 1

Library of Congress Cataloging-in-Publication Data.
A copy of the cataloging-in-publication data for this title is on file with the Library of Congress.
  [Grocery store. Spanish]
  El supermercado / Angela Leeper.
  ISBN 1-4034-5640-2 (HC) 1-4034-5646-1 (Pbk.)

Acknowledgments
The author and publishers are grateful to the following for permission to reproduce copyright material:p. 4 Robert Lifson/Heinemann Library; pp. 5, 8, 9, 10, 11, 12, 13, 14, 15, 16, 17, 18, 19, 20, 21, back cover Greg Williams/Heinemann Library; p. 6 Spencer Grant/PhotoEdit, Inc.; p. 7 Michael Newman/PhotoEdit, Inc.; p. 23 (T-B) Dennis Wilson/Corbis, Photodisc Red/Getty Images, Spencer Grant/PhotoEdit, Inc.

Cover photograph by Greg Williams/Heinemann Library

Every effort has been made to contact copyright holders of any material reproduced in this book. Any omissions will be rectified in subsequent printings if notice is given to the publisher.

Special thanks to our bilingual advisory panel for their help in the preparation of this book:

Aurora Colón García
Literacy Specialist
Northside Independent School District
San Antonio, TX

Leah Radinsky
Bilingual Teacher
Inter-American Magnet School
Chicago, IL

Contenido

Unas palabras están en negrita, **así.**
Las encontrarás en el glosario en fotos de la página 23.

¿Dónde compramos nuestros alimentos?

Compramos nuestros alimentos en el supermercado.

Los alimentos son un tipo de producto.

En el supermercado también se
pueden encontrar otros productos,
como jabón, pasta dental y toallas
de papel.

¿De dónde vienen los productos?

Los productos vienen de granjas o **almacenes**.

Los camiones de reparto traen los productos al supermercado.

El chofer descarga los productos
en la **plataforma**.

¿Dónde se guardan los productos?

Los alimentos que podrían echarse a perder se guardan en un refrigerador.

Éste mantiene la comida fría y fresca.

Otros productos se guardan en el depósito.

Allí se quedan hasta que haya espacio dentro del supermercado.

¿Dónde ponen los productos?

pasillo

estante

Los empleados ponen los productos en los estantes.

El pasillo tiene estantes a los lados.

Algunos productos son similares.

Éstos se mantienen juntos en diferentes secciones.

¿Qué hay en la sección de frutas y verduras?

La sección de frutas y verduras tiene alimentos frescos que vienen del campo.

Una balanza indica el peso de
esta manzana.

Su precio depende de su peso.

¿Qué hay en la sección de productos lácteos?

La sección de productos lácteos tiene leche, mantequilla y queso.

Para estar frescos, tienen que mantenerse fríos.

La leche está en un refrigerador.

Este empleado saca más leche para que la gente la compre.

¿Qué hay en la sección de carnes?

La sección de carnes tiene carne de res, pollo y puerco.

En la sección de carnes frías se cortan las carnes procesadas y el queso.

Con estos embutidos, las personas pueden hacer sándwiches.

¿Qué hay en la panadería?

En la panadería hay pan y galletas.

También hay pasteles y otros postres.

Los panaderos hacen el pan.

Se hace el pan en un gran horno.

¿Dónde se pagan los productos?

Las personas pagan sus productos en la caja.

El escáner muestra el precio.

cajera

caja registradora

Las personas pagan a la cajera.

El dinero se pone en la caja
registradora.

Mapa del supermercado

embutidos

panadería

pasillos

cajas registradoras

carnes

productos lácteos

frutas y verduras

Glosario en fotos

plataforma
página 7
lugar donde se traen las cosas que serán vendidos en el supermercado

escáner
página 20
máquina que indica el precio de algo

almacén
página 6
edificio donde se guardan las cosas antes de llevarlas a la tienda para ser vendidas

Nota a padres y maestros

Leer para buscar información es un aspecto importante del desarrollo de la lectoescritura. El aprendizaje empieza con una pregunta. Si usted alienta a los niños a hacerse preguntas sobre el mundo que los rodea, los ayudará a verse como investigadores. Cada capítulo de este libro empieza con una pregunta. Lean la pregunta juntos, miren las fotos y traten de contestar la pregunta. Después, lean y comprueben si sus predicciones son correctas. Piensen en otras preguntas sobre el tema y comenten dónde pueden buscar la respuesta. Ayude a los niños a usar el glosario en fotos y el índice para practicar nuevas destrezas de vocabulario y de investigación.

Índice